Kunnes en kuule kohinaa

Jukka Piitulainen

Kunnes en kuule kohinaa

© 2014

Kustantaja: BoD - Books on Demand, Helsinki, Suomi
Valmistaja: Books on Demand GmbH, Norderstedt, Saksa

ISBN: 9789522868329

Facebook: runoilija nosto
nostorunoilija@gmail.com

Kannen kuva © Maria Kankkunen
http://www.flickr.com/photos/mariathelittlewind/

Eläin minussa

SUSIJUURI

Olen ääni pikkutytössä, joka
koulun jälkeen ulvoo kerrostalossa
eläkeläisrouvan ovisilmään
kiroamaan koiran koulutuksen keskinkertaisuutta.
Olen juuri sisälläsi, josta
et saa otetta ennen kuin taltutat kohinan.

Älä kadota olevaista sinussa, vaikka
ihmisiksi itseään kutsuvat haukkuvat sinua raatelijaksi.

Sudenhetkenä silitä niskakarvaa, josta
sinua kannoin.
Ota juurestasi kiinni, jota
yrttivoitein voisivat karjalaiset eukot,
ravitsivat shamaanirummut.

Itseanalyysin ajassa tee juuresi tiettäväksi,
Helsingin niemellä, kaupunkieläimenä jolkotellessasi.

KUIKAN SUKELLUS

Musta siipi tulee minua kohti, täynnä.
Olen kaulaa myöten kylmässä vedessä ja tahdon jäädä tähän.
En osaa kellua, lähden vajoamaan, vaikka kuinka
kevennän selkäni kaarelle.
Olen kuitenkin enemmän kuin pohjamutaan jysähtävä kivi.
Olen vesilintu, kuten vanhempanikin.
Sukellan.
Täytyn mulahtavasta kosteudesta,
joka ympäröi ääriviivoja myöten.

Olen pitkään mustan kielen alla.
Pisarriekaleiden lentäessä
leikkaudun arjen peilityynen pinnan takaa
takaisin aallottaren sinipunaisille huulille.

Katoan hetkeksi näkyviltäsi.
Joudut tarkentamaan katseesi uudelleen.
Lopulta huomaat minut
siirtyneenä oikealle paikalle, joka on tehty minua varten.

VYÖTIÄINEN

Liikennevalojen välissä
tanssahtelee kilpikonnapuolustus.
Jokainen liikahdus muuttaa
kaupunkieläinten suomujen suuntaa.

Jokaisella on oma tila,
jolle tuleminen vaatii aistimista.
Älä,
ei, kyllä,
älä!
Varpaille astuminen on väkivaltaa.

Tarjoa molemmat kämmenesi
avoimiksi
tai
teroita kyntesi.

En ole yksin kiveä, en kauttaaltaan villaa.
Kunnioittava lähestyminen kuuluu
eläinten väliseen protokollaan.

HIIRIMINUUS

Astelen säihkyvässä perunajauholumessa. Keveyttä on
polvenkorkeuteen asti.
Puista putoaa hidastettua satua.
Se kasvoilleni sulaa, näen vain valoa.
Keinahdan kantapäitteni varaan ja hetken kellun
tähtenä pakkasyössä.
Säkenöin valovoimaa, olen ajatuksetta omalla paikallani.
Laskeudun pehmeyteen ja altani pöllähtää valkoinen meri,
tuhansine ainutlaatuisine hauraine yksilöineen levittyen
ilmaan ympärilleni.

Hiirenä elän lämmittääkseen itseäni,
seuraavan lämpimän kolon löytymiseksi,
oman viipottavan jälkeni lumoissa.

VANHA SOUTUVENE

Sumu järven päällä.
Soutuveneen airojen on annettu valahtaa taakse,
liukua vasten kylkiä.
Vene sulaa kanssani lumpeenlehdelle ja vesi silittää meidän
pintaamme.
Liukuu liu kuik ka, kuik ka,
kuikka vallitsee äänitilaa.
Kun makaan luopumisen tuhdon pohjalla,
en ajattele mitään.

Köysi perässä vesikäärmeenä
vaanii rauhattomuutta, vahtiminen on turhaa.
Sumu on osa hengitystäni, virtaa huokosistani sisään.
Veden ohimolla sydämeni syke kaikuu korvissani.

Tämä hetki järven selällä seisoo käsillään,
kelluu vatsallaan liikkumattomana,
järkkymättömien kuusien harjateräksellä, varjoissa kylmillä
kivillä,
kiertää lepakon lailla saunan valoa.

TÄYSILLÄ TÄSSÄ

Olen lepakko.
Tasapainossa yön ja päivän vastakohtien kanssa.

Tahdon täristä täydesti
vedosta vieruna katonrajassa,
rääpäleenä, lerpakkeet nutkuen,
peläten jokaisella nukkasäikeellä kuoleman tuloa juuri nyt.

Kerrostalojen taittuessa auringonlaskussa värispiraaleiksi
irtoan.
Olen läsnä
hengityksessä,
värähtelyissä silmien molemmilla puolilla.

Aikani päästessä kansien välistä,
aurinko piiloutuu helmaani ja minä
viillän sitruunaperhosten hyppynarun
horisontin rajaviivaksi.

IHMISELÄIN

ihmisellä on osansa eläimenä,
päiväperhot hyppäävät narua
lepakoiden leposijoilla

selviäjänä, laumassa kulkijana, vain ravinnoksi tappajana
pilvet tiputtavat helmiä peltikattojen rummuille,
kuolema on kulkenut syntymälle kyljet

kuu on taittanut ulvonnat tuulessa heiluviksi
seittiharsoiksi

LUOTAN

Oikea polku on valmiina.
Olen tapetin pinnassa,
vielä näkymättömissä,
valmiina
tulemaan
ulos.
Liikun kun kuulen kutsun.
Susi kertoo,
kun on tullut aika.

ILON KRUUNU

Uuden synnyttäjä sotka lipuu laiturini nokkaan
lämpimäksi seläksi, kaartuvaksi nojatuoliksi.
Tarjoaa minulle selkärankaani myötäilevän tuen, jonka
varaan heittäydyn,
hauraan läpinäkyvien toiveiden putoillessa liian paksujen
sormieni välistä.

Poikkihuilut visertävät meidät ilmaan,
nostan ilolla kruunun otsalleni.
Liian pitkään annoin sen pölyttyä arjen komeroissa
hylättyihin lakanakankaisiin kiedottuna.
Lämpimät sanat nostavat hiukseni aurinkoa vasten
kiiltelemään
ja kannattelevat viittaani hopeareunaista.
Valo loistaa lävitseni ja klarinetti soi,
sipsutan kärkitossuin ja ponnistan yleisön ylle.
Otan hurmion kattokruunuista vauhtia
enkä laskeudu koskaan!

Taajuussäätöä

MIEHISYYDELLE TUOMIO

Lähestyn epävarmana rakentajakorjaajan roolia,
johon olen pakotettu olemaan suhteessa, kulkuset housussa.
Olen autoradalla,
enkä löydä tietä ulos, vaikka vihaan formulakilpailuja.
Tämä on julmaa huvia roudasta rospuuttoon,
syyttömänä syntynyttä,
suota, kuokkaa ja Jussia.

Osaan puhua miehille.
Keskusteleminen tai osaamattomuuden tunnustaminen
taas on mahdotonta.
Pelkään, etten tule hyväksytyksi,
minusta ei pidetä,
olen nolo tunnesoppaihminen.
Miehisyys on yksinäistä digiboksin viritystä,
jos sen osaa.
Osaamattomalle ei ole paikkaa,
johon suoraselkäisen ihokkaansa ojentaisi.

Me miehet olemme pinnallis-loogisen ja syvällis-depressiivisen
nelikentän pelimerkkejä,
eikä tunnu missään, vaikka tuntuu munaskuissa asti.
Ei auta tietää,
että siihen toiseenkin mieheen kirvelee.
Sanamme pysähtyvät kiinnipuserrettuihin huuliin.

KÄYTÄVÄNI

Elämäni käytävillä etsin raollaan olevia ovia,
jonne luikahtaa lämpöön.
Hapuilen viisautta,
jonka pystyisin sanomaan ääneen,
kantamaan alusta loppuun.
Yhtään sopivaa en ole pystynyt elämään todeksi.

Pakkaa mieli liitämään eteenpäin kykenemättä pysähtymään.
Mieleni viraston huoneissa ikkunat heiluvat
ja paperit pöllyävät
pöydillä.

ALIKULKU

Tikkurilan asemalla
alikulkukäytävässä
soittaa performanssitaiteilija viulua haarukalla.
Minä liisteröin seinään harmaan valkoista vessapaperia.
Kirjoitan sydänverellä:
"Pitääkö olla puristavan tosissaan,
ollakseen taiteilija?"
Taiteilijan hattu täyttyy 20 sentin kolikoista ja kirjavista
napeista.

Yläpuolella sähkö hyväksyy johdinlinjansa.
Pakkasessa raiteet katkeilevat ja juna odottaa
omaa aikaansa, reittinsä löytymistä.

Tikkaillani nousen koskettamaan
hermostuneesti käytävän kattoon
alussa, keskikohdassa ja lopussa.
Huippukohdassa horjahdan ja jään roikkumaan
näyttöruudusta, joka toistaa lähtöaikatauluja.

VALOKEILA LÄHESTYY

Kilometripylväs kiiltelee kosteutta
numeronsa ympärille kietoutuneena.
Hetki ennen valokeilan sokeuttavaa räjähtämistä
muistaa kuinka oli kivisen turvan sisässä
järkähtämättömyyttä ympärillään.
Silloin oli osa suurempaa kokonaisuutta ja valintojen
tekemisen tuskaa ei ollut.

Nyt tulee taas pyöreä parivalo kohti,
valaisee viiltävästi kaikki suunnat
alastomasti esille.

SEN HETKEN MUISTAN AINA

Minun piti pentuna ottaa pakotettuna osaa puushouviin
sahanpurut ihoon liimautuneena,
käydä syöttämässä itseään paarmoille lakkasuolla.
Isä sanoi: Kanna matot ulos.
Minä kannoin, kun se on miesten työ.
Äiti sanoi: Ole edes joskus paikallasi.
Ärsytti, mutta soputeoillani hiljaa ikäloppujen edessä ylpeilin.

Piipputupakilta tuoksuva ukki tarjosi jenkkiä
ja mummi paistoi punaisesta maidosta kasan voinpitsisiä lettuja.
Eivät vaatineet minulta mitään,
antoivat ylenpalttisesti sen, minkä aavistivat tekevän minulle hyvää.

Sain olla piru.
Äiti ompeli pirunhännän rakkaudella
ja isä maalasi heinähangon mustaksi tahtoen kannustaa poikaansa.
Kodin voimalla minä riisuuduin täynnä sykkivää pauhua alastomaksi
kaikkien eteen.

Irrallani rakensin oman elämän, halun voimalla pelkoa vastaan.
Minulla oli lupa kokeilla ja olla yksin
omalla parvekkeella muovituolissa tuijottamassa ohi ajavia autoja,
jotka eivät olleet tulossa minun luokseni.

Sitten tulit sinä syliini
ja minä en enää tiennyt sitäkään vähää.
Sytyin lämpimään liekkiin ihosi tuoksusta.
Aloin jättää ovet auki.
Itseni tuijottamisella oli sen jälkeen vähemmän merkitystä.
Oli pidettävä huolta pennusta.

TAKERTUMIA?

roudan runteleman vatsanpeitteeni päällä ovat käynnissä
kevättyöt
kaupungin miehillä menossa hiekan nosto asfaltilta
pidän kiinni tummaksi käpristyneestä lumesta
en anna sen kadota
takerrun tuttuun
toimimattomaan

niin paljon haalistunutta
kääreitä värinsä menettäneitä
nenä haistaa maatumista

heilutan haravaa
kerään kuonaa kasoihin
luonnollisen kasvuston seasta poimin
unelmasta jäljelle jääneen,
sielustani irronneen julisteen
jossa albatrossi lepäämättä liitää
tuuli untuvaisia siipiään kannattaen

Laitanko tämän talteen vai annanko mennä?

TAAJUUSSÄÄTÖÄ

Kohdallani junat ovat törmänneet ja lävistäneet toisensa.
Risteysalueiden puhinaan laskeutuu
utuinen järvi ja savun tuoksu.
Jossain sisälläni
huutaa kuikka.

Ja päätäni hakkaa tikka, tikka hakkaa, hakkaa tikka.

Valun alamäkeen ratavallia pitkin.

En osaa aina päättää,
luottaa itseeni, itseäni ajattelen liikaa,
haluan karata, unohtua rekkoihin, kietoutua puihin,
kulkea kohti sattumanvaraista.
Olla hyvä.
Hengittää tanssin rytmiin ja olla latinos buenos!

Sulaa lavaa.
Säntillisesti joka aamu.

RAKASTETTU

Mausoleuminen betoniparkkihalli kohoaa harmaana,
tanssittaa seinillään röyhkeyden tageja ja heilautaa
verevyyden virtsan puuhkaa.
Asetan kulkupelini suojaavan laahuksen alle.

Lättähattuostarin kirpputorilla,
rakastan villahousuja kolmessa värisävyssä, hamstraan vöitä
löysättäväksi.
Tasakatto roikkuu matalalla, sydän haarautuu lavealle.
Suutari paukuttaa ja hakkaa AC/DC:tä,
nahkani muokkautuu odottaessa,
tullessani osaksi näitä maisemia.

Teräsristikoista on muovattu suurkaupungin silhuetti
keskellä liikenneympyrää.
Diagrammitaulukon lailla se uinuu 70-luvun lähiön kyljessä,
haaveena suuruudesta.

Minä en halua ponnistaa täältä kauas,
tähtiin.

YTIMEN HILJAISET ÄÄNET

Kierrän Töölönlahden yöllä, kun muut ovat yhä baarissa.
Jätän taakseni ihmismassan puhumaan
väsyneenä alkoholin energialla.

Kaiken ytimessä olen melun silmässä.

Aivan huomaamattomana voin kävellä pääovista sisään
parhaille paikoille.
Puiston penkit istuvat rauenneina viisaiden puiden alla.
Saan olla yksin ilman painetta sanoa mitään.
Tunnen kuinka pieni ja yksin lopulta olenkaan.
Onneksi kaupungin keskelle ilmaantunut
hiljaisuuden metsä imeytyy sieluni suojaksi.

MÄÄRÄNPÄÄ

Pingon riuhtoen itseäni irti,
ravaan täysillä ollakseni enemmän,
päästäkseni nopeammin perille,
haukon ilmaa, etsien virtausta.
Juoksen kengät puhki
kiitäessäni karkuun,
löytääkseni.

Kengän pohjani kuoriutuvat jatkuvan liikkeeni kuluttamina.
Alan ihollani saada otetta maasta.
Irrotan viimeiset kengän rippeet,
jätän keinokuidut lähimpään roska-astiaan.

Käännyn takaisin,
kävelen hitaasti
jokaisen kehoni liikkeen tiedostaen.

En ole yksin

MUUTOKSEEN HEITTÄJÄ

Viime metreillä,
huoneeseemme oli muuttanut pakahtunut pilvi,
kuin alati paisuva jättimäinen kumipallo,
joka painoi meidät ahtaalle,
kulkemaan vaivalloisesti pitkin seiniä.

Sade vapautti viimein.
Taksi heitti liikkeeseen.
Vaateet olivat kauheat.
Kuivaan maahan ratkesi railo.
Hengittämisestä tuli huoli, unen tuoksusta käsite.
En kuullut enää maailman ääniä.
Mäkelänkadulla väistelin tiikereitä synnyttäviä leijonia ja
sarvikuonojen rynnäköitä.
Ajoin paperin ohuella kärryllä perheen kotiin.
Vanha elämä kolahti postilaatikkoon palauttaessani
lainakärryn avaimet.
Ystäväni soitti paperisen taisteluvaunun ovien jääneen
kokonaan auki,
nauroi leijonan harjan heiluneen oven välistä.

KAIKKI NÄMÄ KÄDET

Katulamput nojaavat kietoutunutta hämyä vasten,
pudottelevat hiljakseen valopisaroita.
Katson iltaa makuuhuoneen nurkkaikkunan takaa,
enkä jaksa
tarkentaa
katsettani.
Pakenen turrutukseen pysyäkseni rauhallisena.
Tarjoan turvakäden sängyn pinnan välistä.
Toistan itselleni: "Ei mitään hätää."

Korvasäryt, kahdenkeskisen ajan puute,
seksuaaliset himot, kaljuuntuminen, hellyyden tarve.
Onko vielä pitkä matka sinne minne olemme menossa,
kädettöminä.

Rännit valuvat,
ja yö vääntyy kohtalokkaaksi
kiukkuisten kantapäiden kuiskiessa
kieltä, jota en ymmärrä.

Minä lankean, käteni puristuvat nyrkkiin,
puren sohvatyynyä ja kääriydyn kerälle kovalle matolle
epätäydellisen itseni ympärille.
Kun lopulta pääni ulkopuolella ja sisäpuolella on hiljaista,
sormeni aukeavat nautinnollisen raukeina.

MÄNNYN JA TYRSKYN TANGO

Taivutan himokkaan käkkäräpääni vesipesulle,
vaadin sinut sylini syvyyksiin,
virtana valumaan yli latvukseni.

Olen mänty vahvajuurinen kasvanut keskelle koskea.
Tule ja ryntää vasten runkoni rouheaa pintaa,
heiluta minua,
soita sielusta mustaa magiaa,
sydämestä pyöreää balettia.

Halutessani leikkaan virran kahtia
ja korskuen painan pulputukset pyörimään kivenkoloihin.
Silloin eivät Mozartin sulosoinnut minua kuljeta!

Tänään annan käsieni taipua rannikolta toiselle.
Rytmikkäästi virran pulssin omaksi sykkeekseni omaksuen,
oman tahtoni kadottaen,
ees ja taas sylissäsi kuljen, ees ja taas sieluni tunnen.

Annan virran olla oikeassa.

Luotan mehevän maan kourien pitävän kiinni juuristani.
uskallan tempoilla
ja jättää koko painoni veden kannateltavaksi.

KIINANTOSSUJEN MERKITYS

Vatsasi painautuu vasten paljasta selkääni.
Sinä olet nuotio.
Kerrot kiinantossujen merkityksestä,
levosta, jonka ne sielullesi tuo.
Ihan kaikkea en ymmärrä.
mutta ymmärrän olla hiljaa.

MUSTAKYLKISET JÄRKÄLEET

Sinä tiedät turhaan kantavasi maan taakkaa.
Silti kuljet mustana, rouhittu mielesi vasten tuulta.
Olet alkanut lohkoa itseäsi pieniksi paloiksi,
aiot varmaan murskeen pakastaa.

Hallinnan tarpeeni naamioituu valkoisiin vaatteisiin,
purskahtaen välillä vihan kirveen iskuina, tuoden kalman
hajun kotimme tunnelmaan.
Mustansinertävä sielusi tietää paljon, mutta jätät sanomatta
ilkeydet, jotka ansaitsen.

Mielesi taipuu ja notkuu, mutta taidostasi huolimatta
keveyttä on kirottu sinut ainiaan etsimään.
Varjoni on kiinnittynyt kylkeesi lyijyisillä kyynärvarsillaan.
Pyöristyneet särmäni ovat helpotuksen huumorin alusta
ja sinä olet alkanut kasvaa sammalen vihreyttä hitaasti
mustiin kylkiimme.

REISILUU JA POLVILUMPIO

Olit jossain hartioiden takana,
lapaluiden välissä koittelit kudosnesteitä.
Vaikka käänsin sinulle selän, sinä seurasit minua.
Olimme tanssijoita kallioiden leikkauspinnassa.
Käännyimme yhtä aikaa, vasemmat kätemme taipuivat
samasta impulssista,
joka lähti maan ja ilman ikiaikaisesta rytmistä.
Ponnistimme ja näkymätön nuora kannatteli,
kiepsahdus ja hengitystä pidättäen olimme patsaita.
Kainaloiden alta meitä kannatteli hetkessä olemisen valjaat
eläytyminen meitä vei.

Olin peilikuvasi kaltainen.
Vaikka yritin heittää sinut roskiin,
takerruit sormeeni sähköisenä muovina,
muutuin öljyksi kuivalle ihollesi.

Minä kaaduin ja putosin öisin sänkyni kanssa kohti
ammottavaa syvyyttä,
Pehmeät kätesi ottivat minut vastaan,
ja asetit hellästi minut paikalleni.

MAUSTAMISEN TAITO

Valmistamme yhdessä keitoksen:
Minä leikkaan, paistan, keitän, maustan,
asettelen kauniisti, valon pehmennän.
Sinä kehut tuoksun ja katselet ilolla.

Kuljeta minut kauppaan, valitse tyyli ja pue minut.
Mutta
älä kuvittele
nyppiväsi hiuksia harteiltani,
kun olen menossa tapaamaan pankinjohtajaa.

Maistelemme slaavilaista melankoliaa
viulumusiikin siivin, nautimme yhdessä.
Sinä syyllistät itseäsi toisten ilkeistä sanoista
ja haluat henkisemmin elää.
Minä olen hiljaa.
Vedämme molemmat itsesäälin säkin päähän
aivan itse.

JUOTA MINUA VIELÄ KERRAN

Lattia narahtaa jääkaapin edessä
ja minä tiedän,
sinä etsit perunaa kaikissa muodoissaan:
paistettua, keitettyä, ranskalaisia sipulin ja kermaviilin kera.
Katsahdan sinua aaltoilevalta sängyltä
ja näen miimikon, joka riehuu mustissa sukkahousuissaan.

Kun sinä ihmettelet metrokäytävän oven kummallisuutta,
minä hykertelen ja tunnen kuinka poskia kuumottaa.
Silitän nenäsi arpea,
samanlaista kuin kissallasi,
meidän kissallamme.

MUTAPOHJA

Avaan sinulle näkymän pintakalvoni alle.
Tahdon näkyä kimalluksen läpi,
vaikka pelkään läpikuultavana olevani liian hauras käsissäsi.
Saatat pitää totuuttani iljettävän ruskeana mutana
ja inhoat sen tarttumista sääriisi limaisena kalvona.

Seisot kädet rinnan edessä merihenkisessä uimapuvussasi.
Kastat isovarpaasi viileydessäni ja katsot lävitseni.
Näen sinut heijastelevan veden läpi
hetkeä ennen kuin teet päätöksen.
Utelias kaulasi on ojentunut eteenpäin ja saat kylmiä väreitä.

OTE, JOLLA PITELET LUSIKKAA

Sormiesi päät lähestyvät toisiaan.
Pysähtyvät niin, etteivät kosketa.
Pyörittävät ilmaan tahattomia ympyröitä.

Katseesi ui pöydän yli.
Lämpöaallot vyöryvät tänne saakka,
sykkivät pitkin ihohuokosiani,
vaativat
pehmeiden massojen kosketusta,
likistystä,
irtoamista, jotta näkisin
onko tämä nyt oikeasti totta.

Höyryää.
Katseeni tarttuu alastomaan olkapäähäsi,
siirtää rintaliivin hihnan pilaamasta täydellistä kaarta.
Havahdun. Hätkähdän.
Päätäsi kallistaen siirrät hopeaista lusikkaa ja
kysyt kuulinko minä mitä sinä sanoit.

LEPATTAVAN LEHDEN TAHTO

tuuli vie minua
käyn sen kanssa jatkuvaa sanatonta keskustelua
suunta määräytyy energioidemme törmäyksen jälkilämmössä
itsestään
puuskat ja tuiverrukset suljen tarpeen tullen lasipurkkiin
kierrekannen taa
jätän jätteet yksin
leijumaan
tahdottomina

pitkään pysyttelen siiven alla turvassa
lämpimässä kolossa ja kuljen osana linnun lentoa
irtautumisen halun voittaessa olen todellisesti minä
kuljen ylpeästi niska pitkänä
nautin kun katselette syviä värejä loistavaa olemustani

Aurinkoisena päivänä roikun kuitenkin mielelläni
pyykkinarulla.
Ei tarvitse itse päättää mitään,
saa olla kannateltavana,
sen aikaa kun hyvältä tuntuu.

KIVETTY KUOLEMA

Tässä lepäävät
sisimmältään hartsisen kiiltävinä
kivikossa kylpeneet sydänkeskukset.
Laattaan tahtoivat ajan asettaa, tienneet eivät,
kuinka suloinen iättömyys onkaan.

Oksien näet työntyvän maasta.
Niitä aika ei kovaksi tasoita koskaan.
Luonto pitää ihmisten kovaksi valamat
liikkeessä matkalla lähemmäs ydintä.

KIERTOKULUN HEILURI

Myrsky harventaa rivejä, varret jo makaavat pölleinä kasoissa,
oikosääristen pataljoonassa.
Runkoni rysähtäessä ketoon untuva pöllähtää ilmoille.

Minusta tehdään vaatekaappi kauppaan,
koivuviilua kotiin, kierrätyskeskukselle.
Jätettäväksi metsätien poskeen maan hampaan jauhettavaksi,
sienten kivuta kyljille,
karmien ehostua sammalpuuterista.

Siemenenä kierrän taas vuosirenkaideni vuoristoradalla.
Ituja ja taimia ovat tantereet täynnä,
lehvänä lehikoitsen,
tuulen tiima minua tuunaa.

Vuosi toisensa perään taikasilmät hakevat minut keppinä
aarteeksi,
lapset ja kepit vain vaihtuvat.
Untuvista tulle sulkia,
kokonaisuus pysyy pääni käsittämättömissä.

Puun syvissä syissä on syntymä ja kuolema, uudelleen ja
uudelleen.
Foucault'n heiluri keinuu.

Toivon värähtelyä

POIKANA JÄLLEEN

Vesisateen litinä irvistävissä lokakuisissa kengissäni
kuulen pienen puhuvan minussa,
kertovan juttuja
lippalakki vinossa.

Poissa harmaa salkkumies,
täältä tulee tanssipoika!

TOIVON VÄRÄHTELYÄ

Katulamput heittävät valoaan kaanonissa.

Pylväiden järkähtämättömät pataljoonat vilisevät kulkijan silmissä,
ohi kiitää sadoittain välkkyviä vilahduksia.
Loputon valkoisten katkoviivojen vetoketju aukaisee sisimpäni.
Tuijotan poskeni kosteiksi.

Edessä siintää keltavalokeilassa
alava notkahdus, johon käperryn.
Itken itkua saavuttamattomista unelmista,
huudan vatsan pohjasta pulppuavaa huutoa,
tahdon nähdä unta ilmapallojen kohoamisesta kohti
sirkusteltan kattoa.
Vaan en JAKSA!
Tahdon luovuttaa, kietoutua utuun,
mätkähtää
viemärikaivon pohjalle.

Raottaessani lopulta kaivon kantta,
kiiltävät sateenkaaripisarat väreilevät joka puolella.
Pulut lehahtavat lepattavin siivin kohti taivasta.

Kuivattuani sieluni päälystän, tasaannun tien reunaan.
Katson uusilla silmillä,
tunnen heikkoa värähtelyä.

VÄLIKAPPALE

kirjoitan pienellä käsialalla
jätän vinoja merkintöjä,
ajatuksen vimma näkyy loppuun saattamattomina
kirjaimina
auki jäävinä kaarina
tussikynä leviää
sana puuttuu lauseen keskeltä

Palaan tarkkaan kaivertamiseen.
Puristan, rentoudun.
Tutkailen mitä kynä tahtoo ja kuka päättää
sen mitä jätämme jälkeemme,
mitä meistä irtoaa.

Parhaina hetkinä minua on tässä vain sirpale,
isompia voimia kristallikruunun verran.

ERIPARIN YSTÄVÄT

Tallasimme yhdessä pöheikköön,
risteäviä polkuja
isolle kivelle.
Fyysinen lämpö läikkyi sisällämme
seisoessamme huipulla vierekkäin,
vuodenaikojen vaihtuessa
kenkämme tulivat yhä suuremmiksi.

Nyt vuodet ovat maanneet hiuspehkoihimme pälvikaljua.
Minä haluaisin puhua sinulle kaikkeudesta ja syleillä valoa,
sinä tahtoisit saada suuren kalan ja nauttia hiljaa.

Suustamme ulos pyrkivät sanat kasvavat suutamme
suuremmiksi.
Oletamme, että toinen kyllä ymmärtää sanomattakin.
Minusta meidän on niitettävä sanojen heinikko, jotta
löydämme oikean polun.
Sinä haluat juoda yhdessä, istua pieneksi käyneellä kivellä ja
katsoa kajoa.

Havahtuessasi
astraalihahmoni kertoo sinulle
minun kiivenneen kaukaiselle vuorelle, josta on esteetön
näkymä kaukaisuuteen.
Sinä et kuule, ihmettelet minne se jätkä nyt taas meni
ja mikä sitä oikein vaivaa.

Liikahdat kiveltä,
laskeudun vuorelta.
Alamme lähestyä tyytyväisinä
yhteisen paluukyytimme lähtöpaikkaa.

ILMAN ELEMENTTI PARANTELEE ASEMIAAN

Nostan sukset revityltä oranssimaaliselta
karhealta seinältä.
Naksautan itseni kiinni liikkeeseen.

Ensimmäisenä lämmin aurinkotuuli irrottaa minusta
marttyyrin
pyörimään holtittomana keränä hangelle.
Kuulen takaani katkeraa huutoa:
Sinua öisin itkien kannoin ja tässäkö palkka!
Hyppyrissä kauluksestani pöllyää ulos
tylsämielisyyden varjo,
harmaana se jää rinteeseen istumaan eikä jaksa nousta ylös.

Jarruttaessani jalakseni irrottavat pinnastani rouhetta,
singoten ilmaan toivon palasia.
Heitän takkini niin kauas kuin jaksan,
sisääni imeytyy hetkeksi kuplivaa happea.

SUOTUISAA HEINIKKOA

Kypsytän bataattia
ikkunalaudalla auringonpaisteessa.
Idätän aatoksia päässäni
ylikasvaneen rairuohon alla.
Muuttolinnut ovat jääneet sijoilleen metsälammelle
odottamaan suotuisaa virtausta.
Kuljen uusia polkuja heinikkoon,
annan keitoksen tekeytyä.
Jätän runon
kiipeämään omin avuin puuhun.

HYRÄILEN LÄMMÖN LAULUA

Suljen Kallion kadut taakse, astun yleiseen saunaan.
Puukaapin edustalla annan kylmän huurteisen rauhoittaa
rauhattoman mieleni.
Löydän itseni lauteilta seasta karisman liemessä keitettyjen
asiantuntijoiden,
paksunahkaisten humoristien.

Uuni lämmitetään kerran kunnolla,
maan voiman kasvattamilla metrisillä haloilla.
Kun on istunut tunnin tämän kiukaan tuulessa,
loppupäivän voi hyräillä lämmön laulua.

Pesijänainen vahapintaisessa essussaan
harjakirveellä teurastaa minusta kyynisyyden paloja.
Maatessani laverilla nään
lauhdeveteni pyörteiden sukeltavan viemäriin.

UNTUVAN UNI

Reikäinen untuvatakki makaa kaatopaikalla.
Muut jätteet valuttavat nesteitään taustalla.
Tuuli vetää hihaa nykäyksin.

Untuvat tönivät toisiaan
päästäkseen lähemmäs ovea tuulimaahan.
Virtaavan ilman pullistaessa takkihyljettä,
kaikki sulat pöyhivät itseään,
päästäkseen sivelemään tuulen kauniisti ojentuvia käsiä,
kiivetäkseen kynäksi tuulen otteeseen.

Moni liitää unissaan kotkan siivessä tuuli allaan.

VAALEANSININEN

Avasin luukun ja näin
sinisen avaruuden.
Neliömäisestä aukosta kapusin kerrostalon katolle,
jätin arkipalikan
taakseni
tikkaille.

Kaareutuva sini taivutti minut selinmakuulle
pikipintaa vasten,
siirsin suurimmat maisemaa pilaavat hyljetalot sivummalle.
Sipaisin pilvet sarvikuonoiksi,
seurasin lentokonetta kunnes
päälakeni kosketti lämpötasoa allani,
kengät hengittelin pois,
astelin keveässä vaaleansinisessä.
Tuijotin itseni kesäiseen utuun.

Tullessani takaisin, viereisellä katolla raksaukot söivät
kasvispitsaa ja paistopisteen valkosipulipatonkia.
Molemmilla tasoilla nostettiin kouraa toverillisesti ilmaan.

Astelin ilolla takaisin arjen tikkaille.

VALOJUHLA

Kun virastotalon siivooja,
nousee varpailleen kolmesti
ja taivuttaa partneriaan moppia kaaressa,
kämmensyrjissäni kipinät heittävät volttia.

Kun tunnen pimeyden ahavoittamilla poskillani,
toivon tuulen viilentävän keveyden,
täyttyvät silmäni hiljalleen oranssista loimusta.

Kun näen kirkkaan liekin puiden kruununa,
vielä kuuden aikaan illalla,
viheltelen kantohangen kirkasta
puhdasta valkoista valoa
ja olen tulessa.

Silloin hyvä valon kansa
minä tiedän
me olemme voitolla!

VAAKASUORAA SAVUA

Tehtaan piipusta lipuu vaakasuoraa savua.
Autoradion kevyen kaihoisa musiikki värittää maisemaa,
jolle pakkanen on piirtänyt ääret.
Ihmiset raitiovaunussa hehkuvat sisäistä valoa.
Vaihteet vaihtuvat rytmikkään napakasti, auto hengittää ja
minä olen ylpeästi
osa yhteistä koneistoa.

Sisällys

Nosto kiittää

Sannaa sielujen kohtaamisesta sekä mittaamattomasta opista ja tuesta kirjoittamiselle vuosien aikana.
Otsoa ja Pihlaa siitä, että olette olemassa.
Olette täydellisiä juuri sellaisina kuin olette.
Äitiä ja Isää ajattelun siemenistä ja huolenpidosta.
Annaa siskoudesta ja bändikeikasta.

Mervi Kiveä tuotajuudesta, runopotkusta, liikkeestä, ja yhteisestä absurdista.
Joonasta aidosta alkuperäisestä munamiehestä, toveruudesta ja yhteisestä taiteesta.
Mariaa kansikuvasta.
Helsingin tarinateatterissa kanssani olleita vuosien kasvualustasta ja läheisyydestä.
Harria ja Anssia ystävyydestä ja kalareissuista: Putins forever ja Neljännen miehen arvoitus.
Esaa avusta ja ilosta.
Siru Saarista peilaamisesta ja huolenpidosta.
Kaikkia työkavereita hulvattomasta huumorista ja yhteisessä rintamassa seisomisesta.
Marttia ja Siljaa.
Ottoa, Leenaa, Päiviä ja Sohvin poppoota.
Joogan ja Kalevalaisen jäsenkorjauksen perinnettä.
Bod:ia julkaisuavusta.
Pub Villapakkaa julkkaritilasta.

Kiitos kaikille nimeltä erikseen mainitsemattomille ihmisille, jotka minulla on ollut ilo todella kohdata.

Kiitos, että sain elää tämän päivän!